AF498129

NOMENCLATURE

DES

PROCÉS-VERBAUX ET NOTICES

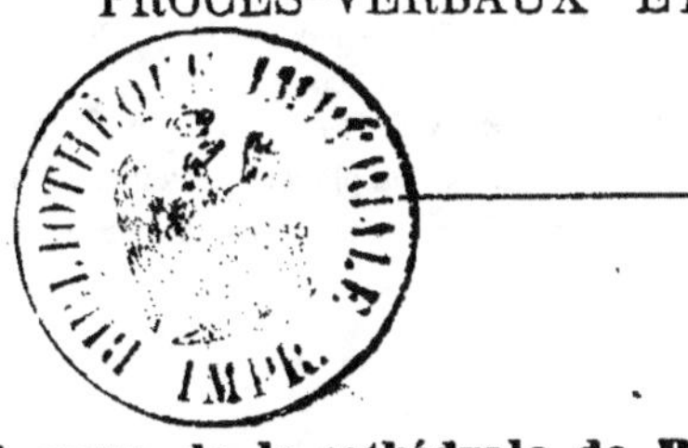

GRAND ORGUE

DE LA

CATHÉDRALE DE LA HAVANE

A M. le Directeur de la Revue et Gazette musicale de Paris.

Bruxelles, le 7 août 1862.

MON CHER COLLABORATEUR,

Je suis obligé de remettre à la semaine prochaine ma cinquième lettre sur les instruments de musique de l'exposition de Londres, pour vous parler d'une séance intéressante à laquelle j'ai assisté mercredi 30 juillet, dans le local de la Société anonyme pour la fabrication des orgues et harmoniums (Merklin-Schütze). Un nouvel instrument destiné à la Havane (île de Cuba), et la réunion de plusieurs organistes renommés qui en devaient faire l'essai, offraient un double attrait à l'assemblée d'élite conviée à cette solennité musicale, et dans laquelle on remarquait S. Em. Mgr de Lodschowski, nonce apostolique près du roi des Belges, M. l'abbé Angelini, auditeur de la nonciature, des membres du haut clergé de la capitale et des provinces, des personnes du monde élégant, des artistes et des représentants de la presse.

L'orgue de la cathédrale de la Havane est composé de trente jeux complets, répartis sur deux claviers manuels et sur un clavier de pédales séparées, avec dix pédales de combinaison. Toute la partie mécanique de l'instrument est disposée de la manière la plus ingénieuse, et l'on y remarque une précision dans les mouvements et un fini dans les détails qui révèlent autant d'intelligence dans la conception que de soins minutieux dans l'exécution. Les claviers et registres fonctionnent d'une manière irréprochable. J'ai remarqué dans la partie mécanique une application nouvelle et simplifiée du levier pneumatique, tant au clavier du grand orgue qu'à celui de récit. Ce perfectionnement ajoute beaucoup à la facilité du toucher, ainsi qu'à la promptitude de l'émission des sons. La confection des sommiers et de la soufflerie ne mérite pas moins d'éloges ; on sait quels progrès a fait faire la science moderne à cette pierre fondamentale de la facture des orgues ; celui dont je vous entretiens, mon cher collaborateur, est une œuvre achevée en cela comme dans le reste. Tout y est calculé pour que les jeux soient alimentés par la quantité d'air nécessaire et avec la pression voulue. Enfin, le buffet, dessiné dans le style appelé *renaissance,* est d'un aspect élégant et sévère à la fois.

Dans la composition comme dans la construction de cet orgue, destiné à un pays lointain et à un climat chaud, le connaisseur remarque qu'on s'est attaché à réunir toutes les conditions de la solidité et de la simplicité de mécanisme, afin de rendre faciles l'accord et l'entretien, tout en donnant à l'instrument les qualités de sonorité et de variété dans les effets en rapport avec sa destination. Là se trouve, à mon avis, une des conquêtes les plus importantes de la facture des orgues : car l'effet produit par une simplification de moyens est sans aucun doute un progrès.

Il est un autre éloge qui me paraît dû à l'orgue de la Havane, à savoir qu'on a su y réunir la majesté du caractère religieux, par les jeux de fond, avec la richesse et la variété des sonorités. Les jeux de fond, c'est-à-dire les montres, bourdons et flûtes, saisissent l'âme par l'ampleur, la rondeur et le timbre onctueux de leurs sons. Les jeux de gambe, de salicional, de *dolce*, de violoncelle, de flûte harmonique, de clarinette, de hautbois, sont autant de voix bien caractérisées, parfaitement réussies, et ont le mérite d'imiter à s'y méprendre les instruments que ces jeux représentent. Le jeu de *voix humaine*, écueil ordinaire de l'imitation, possède ici au plus haut degré l'analogie de timbre avec l'organe vocal : joué en solo il produit aussi bien son effet que lorsqu'il est combiné avec les jeux de fond du grand orgue. J'ajouterai que le grand chœur, c'est-à-dire la réunion des jeux de fond et des jeux d'anches avec l'accouplement des claviers, a saisi toute l'assemblée par son caractère puissant et grandiose : on y a reconnu la grande voix destinée à résonner sous la voûte d'une cathédrale.

Au résumé, mon cher collaborateur, la séance dont je viens de vous donner les détails a produit une vive et profonde impression sur un auditoire d'élite, autant par l'excellence de l'instrument que par le talent avec lequel les artistes en ont fait valoir les ressources.

Croyez-moi votre très-dévoué.

Fétis père.

Une correspondance de la Havane nous transmet des détails intéressants au sujet de l'inauguration du grand orgue placé dans la cathédrale de cette ville et construit dans les ateliers de la Société anonyme pour la fabrication de grandes orgues (établissements Merklin-Schütze), à Bruxelles.

L'illustre chapitre de cette cathédrale s'exprime de la manière la plus élogieuse sur le remarquable mérite de cet instrument, principalement en ce qui concerne la beauté du buffet, le fini et la bonne disposition du mécanisme, ainsi que la magnifique sonorité, la distinction et la variété de timbre des jeux.

Nous sommes heureux de pouvoir constater un succès qui fait le plus grand honneur à une branche de l'industrie nationale que la société représente si dignement.

Nous donnons ci-après le procès verbal de réception.

Illustre chapitre ecclésiastique de la Havane.

« Le presbytérien don Manuel Vasquez, curé *ad interim* de l'église paroissiale du quartier du Saint-Esprit et secrétaire du très-illustre chapitre ecclésiastique de cette ville, certifie qu'après avoir examiné l'orgue qui vient d'être placé dans la sainte église cathédrale et qui a été construit par la Société anonyme pour la fabrication de grandes orgues, établissement Merklin-Schütze, à Bruxelles, et tenant sous les yeux l'expédition des conditions du contrat, les experts à ce désignés ont déclaré que non-seulement ils considèrent comme remplies toutes les stipulations insérées.dans ledit acte, mais qu'ils ont été agréablement surpris de la disposition générale si bien conçue de l'instrument, des proportions si exactes de toutes ses parties, de la solidité et du fini du mécanisme, de la bonne disposition du vent et enfin de la promptitude de l'articulation, malgré la complication du mécanisme. Quant à la sonorité qui constitue le résultat principal, tous les experts, ainsi que les plus fameux professeurs, qui ont assisté à la séance d'inauguration qui eut lieu le 21 du mois dernier en présence de l'Excellentissime et Illustrissime Monseigneur l'Évêque diocésain et autres personnes notables tant ecclésiastiques que séculières, ont reconnu que les jeux sont parfaitement caractérisés dans toute leur étendue et ont tous un excellent timbre, et qu'il faut spécialement mentionner les sons si veloutés, si suaves des jeux de viola di gamba, clarinette, flûtes, hautbois et basson; que le nouvel orgue remplit toutes les exigences du service de notre cathédrale et comble toutes les espérances que l'on avait conçues en chargeant de sa construction la susdite Société Merklin-Schütze. Pour la satisfaction des facteurs et pour qu'ils puissent en faire preuve en toute occasion et partout où il leur serait convenable, je délivre le présent par ordre du très-illustre chapitre, scellé du sceau du chapitre et muni de l'approbation de M. le président.

« A la Havane, le 3 mars 1863.

« Signé : VILLAESCUESA. »

NOTICE

SUR L'ORGUE DE TRIBUNE DE LA CATHÉDRALE D'ARRAS

A M. FÉLIX CLÉMENT.

Liége, le 12 juillet 1862.

MONSIEUR,

J'ai eu l'honneur d'assister avec vous comme expert à la réception et à l'inauguration du grand orgue de la cathédrale d'Arras.

Vous en avez porté, comme moi et comme tous les hommes éminents qui vous accompagnaient dans cette mission, le jugement le plus favorable. Chargé spécialement, par S. Exc. le ministre de l'instruction publique et des cultes, de procéder à la réception de l'instrument pour le compte de son administration, vous avez dû rédiger en votre nom personnel un rapport officiel. De son côté Mgr l'évêque d'Arras a nommé une commission locale, dont j'ai eu l'honneur de faire partie avec M. le chanoine Planque, grand chantre de la cathédrale, M. l'architecte diocésain et M. G. de Sede, chef de division à la préfecture du Pas-de-Calais.

Un procès-verbal, parfaitement rédigé par M. G. de Sede, constate l'exécution complète du contrat et entre dans l'examen des détails de l'ouvrage pour motiver les éloges accordés à l'œuvre de la Société anonyme établissement Merklin-Schütze), à Paris et à Bruxelles.

Dans nos entretiens particuliers, nous avons discuté quelques principes relatifs à la fabrication des orgues, et vous avez pensé comme moi qu'il ne serait pas sans utilité de faire connaître l'orgue de la cathédrale d'Arras, et de discuter en même temps les principes généraux qui doivent présider à la facture comme à l'usage de ces instruments.

L'orgue d'Arras a été décrit dans un des derniers numéros du

Journal des Maîtrises, que vous dirigez. Il y a quatre claviers, un pédalier, des leviers pneumatiques d'après le système Barker, quatorze pédales de combinaison, cinquante jeux et deux places réservées pour une sous-basse et une bombarde de trente-deux pieds.

La soufflerie est à trois pressions différentes : à onze, à quatorze et à dix-huit centimètres. Les jeux du quatrième clavier sont placés dans une caisse fermée par des jalousies mobiles, dont le mouvement produit le *crescendo* et le *decrescendo*.

La question que j'ai à examiner ici est celle de savoir si, au point de vue de l'art tel que le comprennent aujourd'hui généralement les facteurs et les organistes de premier ordre, l'orgue de la cathédrale d'Arras est un ouvrage bien composé et bien construit ; j'examinerai ensuite si, au point de vue absolu de l'art chrétien, le système actuel de facture d'orgue est dans une bonne ou dans une mauvaise voie.

Nous devons reconnaître d'abord qu'aucun artiste ne peut se soustraire d'une manière complète à l'influence des idées de son temps. Du conflit d'opinions diverses qui se débattent entre les savants, sort un ensemble de données pratiques qui constitue l'art contemporain.

C'est cet ensemble d'idées pratiques que l'artiste est appelé à réaliser dans les monuments qui lui sont confiés. J'en conclus d'abord que la Société a bien fait de composer un instrument dans lequel elle a introduit tous les perfectionnements modernes, le levier pneumatique, les pédales de combinaison, la soufflerie à différentes pressions, les jeux harmoniques, les jeux d'imitation et la boîte d'expression.

Le plan général est donc ce qu'il devait être, et l'examen minutieux des experts a prouvé qu'il était bien exécuté.

La partie mécanique ne laisse rien à désirer. La transmission de tous les mouvements se fait avec la plus grande facilité. Le levier pneumatique lui-même a été perfectionné. Les pédales de combinaison, quoique nombreuses, sont si bien disposées qu'à première vue on en comprend l'usage. Elles sont divisées en trois groupes principaux. Le premier accouple les claviers à mains au clavier de pédales ; le second accouple les claviers à mains entre eux ; le troisième appelle les jeux d'anches à chaque clavier.

Les deux dernières pédales font mouvoir le tremblant et la boîte d'expression.

Tout ce mécanisme est simple et parfaitement exécuté. C'est à juste titre que la Société, sans s'attribuer le mérite de l'invention de tous ces accouplements, revendique l'honneur de la simplification de l'ensemble.

Je me permets d'émettre un vœu. C'est que les facteurs d'orgues principaux s'entendent entre eux pour adopter une mesure fixe pour le clavier de pédales et une disposition uniforme des pédales de combinaison. Le gouvernement, sur leur avis et celui des organistes les plus instruits, pourrait établir quelques règles à cet égard et exiger qu'on les suive dans la construction des instruments pour lesquels il donne des subsides, comme il l'a fait pour le diapason.

Les familles des jeux qui se trouvent dans l'orgue d'Arras, sont les montres, les bourdons, les flûtes harmoniques, les violoncelles, les jeux de mutation, les jeux d'anches anciens et les jeux d'imitation.

Le jury a constaté avec bonheur que les jeux qui constituent l'orgue proprement dit et tel que le conçoivent même les savants sévères, qui n'admettent pas les jeux d'invention moderne, sont d'une exécution parfaite. Tous ces jeux pris isolément et dans leurs combinaisons avec l'ensemble sont d'une grande beauté.

Les trois premières familles réunies produisent, par leur ampleur, un effet plein de majesté. Les violoncelles ou gambes y ajoutent le mordant. Les jeux d'anches ont paru à tous extrêmement remarquables par la vigueur des sons, leur timbre éclatant et pur. Les flûtes harmoniques ont été l'objet d'une mention particulière au procès-verbal de réception. Leur sonorité spéciale et puissante, la variété des timbres, la pureté, le moelleux des sons ont paru irréprochables.

Je ne m'arrête pas aux jeux de mutation, malgré leur importance, parce qu'ils sont composés des mêmes éléments que les jeux de fond.

Quant aux jeux d'imitation, nous y avons trouvé les qualités que l'on exige dans ces sortes de jeux : une bonne construction, le timbre exact des instruments dont ils portent le nom et une parfaite égalité dans toute leur étendue.

L'effet de l'ensemble entendu de la nef de la cathédrale est aussi puissant, aussi harmonieux qu'on puisse le désirer.

Les facteurs avaient cependant à vaincre une grande difficulté résultant de l'extrême élévation du jubé. Ils ont dû compter sur l'effet de l'éloignement. C'est ce qui explique comment les jeux qui avaient paru durs dans les ateliers de la Société, et particulièrement la voix humaine, n'avaient plus à la cathédrale que leur force naturelle.

Le récit paraissait même trop faible ; mais on a reconnu la cause de ce défaut. On y remédiera.

La caisse de l'orgue est ouverte par le fond et laisse le son se perdre dans le vide.

Il résulte de cet exposé que l'instrument construit par la Société (Merklin-Schütze) mérite les éloges et l'approbation que les experts lui ont donnés.

On comprendra du reste assez qu'ayant fait partie de la commission de réception, je ne puis porter un autre jugement que celui qui a été émis unanimement par mes collègues, avec lesquels je suis entièrement d'accord.

Il me reste maintenant à examiner si la facture d'orgues moderne, considérée au point de vue absolu des convenances de l'art chrétien, est dans une bonne ou dans une mauvaise voie.

Il est nécessaire d'établir d'abord les principes qui paraissent à l'abri de toute contestation. Tous les hommes sérieux sont d'accord, je pense, sur les points suivants : 1° que l'orgue, quant à sa partie essentielle comme instrument religieux, était parfaitement constitué dès le XVIIe siècle, et que ce qui en constituait le fond alors doit encore le former aujourd'hui ; 2° que cet instrument, de sa nature, doit être grave et majestueux ; 3° qu'il a des effets propres complétement différents de ceux de l'orchestre, et que s'il peut quelquefois imiter celui-ci, ce n'est que rarement et dans des circonstances exceptionnelles ; 4° que le style fugué à parties liées, sans sécheresse et sans lourdeur, est celui qui rend le mieux les grands effets de cet instrument, et qui s'harmonise le mieux avec la pompe et la sévérité du culte catholique.

Cela posé, il s'agit de savoir si les inventions modernes ont dénaturé le caractère de l'orgue ; si elles détruisent le sentiment religieux, et si plusieurs d'entre elles sont des dons funestes à cause de la manière dont s'en servent la plupart des organistes.

Constatons d'abord qu'il n'est aucun facteur de quelque valeur aujourd'hui, qui ne pose, comme base principale de son œuvre, tous les jeux qui constituaient l'orgue ancien. Les quelques jeux que l'on a généralement répudiés, n'avaient aucune importance pour la destination ou la beauté de l'instrument. J'ajoute même que si j'ai entendu dans les anciennes orgues quelques jeux remarquables, je n'ai jamais trouvé un ensemble de jeux parfaits comme ceux que nous avons entendus à Arras et dans d'autres orgues modernes. Je ne pense pas même qu'il y ait un seul jeu où la facture moderne soit inférieure à l'ancienne.

La beauté de quelques jeux dans les anciennes orgues n'était souvent que relative, et ne se faisait remarquer que par le contraste de la pauvreté et de la maigreur des autres.

Une rare exception ne prouvait rien.

On doit donc admettre que la partie essentielle de l'orgue n'a pas été dénaturée par les inventions modernes. Elle se trouve tout entière dans nos orgues actuelles, et probablement dans un plus haut degré de perfection.

Il faut bien admettre, en outre, que si dans tout art il y a une partie stable, consacrée par le temps et qui est la base de nos études et de nos exigences classiques, il y a aussi une partie progressive et originale, qui se révèle soit par la personnalité de l'artiste, soit par le goût général des contemporains, soit par l'introduction d'un élément nouveau dans un art.

Or, répudier cette seconde partie, c'est prétendre qu'il y a eu une époque où l'humanité a dit son dernier mot, et que les générations présentes n'ont plus qu'à faire des copies ou des imitations. Ce principe est des plus funestes. S'il est vrai aujourd'hui, il a dû l'être dans les siècles passés, et si nos ancêtres l'avaient adopté, nous n'aurions ni orgues, ni cathédrales gothiques, ni rien de ce qui fait la gloire de l'Église catholique. Ce principe d'immutabilité est faux, même pour l'enseignement de l'Église catholique, qui, bien qu'immuable dans son fond, se perfectionne dans sa forme et son application. Les arts ne sont stationnaires qu'aux époques où les hommes de génie et les capitaux leur font défaut.

Il résulte évidemment de cette considération que la facture d'orgues actuelle, s'attachant à reproduire aussi parfaitement que possible tous les jeux dont la beauté a reçu la sanction du temps, en introduisant tous les perfectionnements et les jeux nouveaux qui ont reçu l'approbation générale des contemporains, est ce qu'elle doit être et ce qu'elle devra toujours être. Pour nous, nous avons même le devoir d'encourager tous les essais, parce que ce sont les seuls moyens de progrès, et qu'on ne peut jamais savoir quel en sera le résultat. La seule chose que nous soyons en droit d'exiger, c'est que ces essais ne se fassent pas au détriment de la partie essentielle de l'instrument ni aux dépens des églises.

Quant à l'usage des orgues modernes, il ne dépend pas des facteurs, mais des organistes, et l'abondance des ressources de l'instrument ne dispense pas ces derniers d'en faire un usage rationnel et d'employer le véritable style de l'orgue.

Je pense, au contraire, que les perfectionnements du mécanisme faciliteront les études fortes d'après les traditions des grands maîtres et contribueront à populariser leur style harmonieux, mais difficile d'exécution. Malgré les critiques dont le levier pneumatique a été l'objet, je persiste à penser qu'on ne peut plus se dispenser de l'appliquer aux grandes orgues.

Autrefois, pour toucher un grand orgue, il fallait des doigts de fer, une force corporelle plus qu'ordinaire.

Or, combien d'artistes, surtout des meilleurs, ont une organisation délicate, qui ne leur permet pas de tenir un ancien clavier pendant quelques instants. Comment peut-on regretter cette gymnastique ? N'est-ce pas méconnaître la destinée intellectuelle de l'homme que de répudier les inventions qui tendent à diminuer l'emploi de forces physiques ?

S'ensuit-il que la facilité des claviers permette à un organiste de

dénaturer le style propre à ce grand instrument? Certainement
non. Il me semble au contraire que l'artiste, n'éprouvant ni fatigue
pour faire mouvoir les touches ni perte de temps pour tirer les registres, est tout entier à son idée et qu'il peut la rendre avec toute
la perfection dont il est capable. Le talent de tous les artistes se
trouve ainsi agrandi. Donnons donc des conseils utiles aux organistes qui voudraient imiter le piano sur l'orgue; mais ne laissons
pas subsister à plaisir des obstacles insurmontables à une belle
exécution.

La multiplicité des jeux d'imitation a aussi été blâmée. Assuré-
ment, si ces jeux étaient multipliés au point d'altérer le caractère
essentiel de l'orgue, ou s'ils ne différaient entre eux que par des
nuances imperceptibles, ou enfin s'ils exigeaient une dépense sans
proportion avec leur utilité, nous devrions protester contre cet
envahissement des jeux d'imitation; mais je ne pense pas qu'en
général les facteurs dépassent une juste limite. Si donc, comme à
Arras, les jeux secondaires sont en nombre proportionné au fond
essentiel du reste de l'instrument, s'ils sont bien faits et de timbres
bien distincts, ils fournissent des ressources précieuses, qui trouvent leur emploi en temps utile et dont un organiste habile pourra
tirer un brillant parti. Il ne s'ensuit pas du tout qu'un orgue ainsi
construit soit destiné à imiter l'orchestre. On se sert de sons en
musique comme on se sert de couleurs en peinture; le sentiment
religieux et le goût doivent être le guide de ceux qui s'en servent.

Demandons donc, en premier lieu, au clergé de proscrire les airs
mondains à l'église; engageons de toutes nos forces les organistes
à étudier les effets propres de leurs instruments et à ne sortir que
rarement du style fugué, non pas de ce style compassé et sec qui
ne dit rien au cœur, mais de ce style qui unit la science à la grâce;
engageons-les à former graduellement le goût du peuple qui les
écoute, à rechercher ces riches combinaisons d'harmonie qui donnent à l'instrument toute sa beauté et sont conformes à la majesté
des églises et du culte catholique. Blâmons de toutes nos forces les
organistes qui ne se servent des ressources nombreuses dont ils
disposent que pour masquer la stérilité de leurs idées et leur igno-
rance du contre-point, ou qui ne se plaisent qu'à produire des

nuances mesquines et sans intérêt; mais n'attribuons pas aux instruments les défauts de ceux qui s'en servent. Plusieurs des abus que nous blâmons unanimement ont existé de tous les temps et existeront toujours.

Somme toute, la facture d'orgues moderne me paraît être dans une bonne voie. Les encouragements ne lui manquent pas, l'intérêt qu'on y attache redevient général, des artistes éminents s'appliquent à faire revivre le vrai style de l'orgue, qui s'est perdu autant par l'imperfection de la plupart des instruments que par le défaut d'études sérieuses. Enfin, tous les bons facteurs d'orgues, dont les œuvres seules constituent l'art, rivalisent de zèle pour reproduire ce qu'il y avait de plus parfait dans les anciens instruments, pour perfectionner toutes les parties de la construction et pour découvrir, s'il est possible, de nouveaux effets. Le système qui adopte tout ce que le passé a de bon et qui cherche à y ajouter de nouvelles découvertes, est le meilleur dans tous les arts.

La facture est dans cette voie; c'est certainement la seule bonne.

Je ne terminerai pas cette lettre sans exprimer mon admiration pour les organistes éminents qui ont fait entendre l'orgue d'Arras le jour de l'inauguration. Les journaux ont rendu compte de l'impression produite par MM. Duhaupas, Renaud de Vilbac, Batiste, Guilmant et Lemmens.

Il est inutile de répéter des éloges auxquels ils sont habitués. Je ferai seulement remarquer que cette séance d'inauguration a pleinement confirmé les principes que je viens d'établir. Ces messieurs ont prouvé qu'il n'est pas nécessaire d'imiter l'orchestre pour produire de grands effets et émouvoir le peuple; ils n'ont pas non plus abusé des ressources abondantes de l'instrument; ils n'ont fait entendre que des compositions sérieuses de style fugué, compositions hérissées de difficultés, mais exécutées avec autant d'aisance que de goût. Je crois tous ces artistes appelés à exercer une grande influence sur le rétablissement du véritable style de l'orgue dans les contrées où les bonnes traditions se sont perdues.

T.-J. DEVROYE,

Chanoine et grand chantre de la cathédrale de Liége.

EXTRAITS DU RAPPORT

DE LA COMMISSION SPÉCIALE INSTITUÉE PAR LA FABRIQUE DE L'ÉGLISE

SAINT-SERNIN DE TOULOUSE, POUR LA VÉRIFICATION

ET RÉCEPTION DES GRANDS TRAVAUX EXÉCUTÉS A L'ORGUE DE CETTE ÉGLISE

Par MM. MERKLIN-SCHUTZE ET Cie

Facteurs à Paris et à Bruxelles.

Cet orgue, qui a trois claviers à mains et un clavier à pédales séparées possédant quarante-deux jeux avec bombarde de trente-deux pieds, a été construit en 1843 par la maison Daublaine et Callinet et achevé par son successeur M. Ducroquet.

En 1856-57, la fabrique se préoccupa du projet de donner à cet orgue, déjà si important, tout le développement et toute la perfection possibles, et nomma une commission d'hommes spéciaux afin de se faire aider dans l'exécution de ces travaux.

Ce fut sur le rapport présenté par cette commission que le conseil de fabrique accueillit favorablement les devis de MM. Merklin-Schütze et Cie, successeurs des maisons précitées, pour l'amélioration et l'augmentation de cet orgue.

Cette même commission chargée de surveiller la marche des travaux et leur réception s'exprime dans son rapport de la manière suivante :

" Monsieur le Curé ,

" Messieurs les Fabriciens,

" Vos commissaires, dont les fonctions ont commencé dès le début des travaux, en ont suivi avec attention les diverses phases; ils se sont assurés de la bonne exécution des principales pièces qui constituent la soufflerie, et de la qualité des matériaux qui y ont été employés ; sous ce rapport toutes les conditions du devis ont été consciencieusement et loyalement remplies.

Le système des leviers qui mettent en jeu les pompes diffère entièrement de celui qui avait été adopté dès l'origine ; le traité ne fait nullement mention de ce changement ; néanmoins les facteurs, sans tenir compte de la dépense que cette substitution devait leur occasionner et n'ayant en vue que l'intérêt de l'instrument, n'ont pas hésité à le faire ; on comprendra l'importance de ce sacrifice lorsqu'on saura que ces leviers mûs par quatre hommes mettent en jeu seize pompes pour fournir le vent suffisant aux jeux de cet orgue, quand l'exécutant veut faire usage des plus grandes combinaisons.

Nous déclarons que cette nouvelle soufflerie, construite d'une manière si ingénieuse avec des réservoirs régulateurs pour chaque sommier, fonctionne très-bien ; la production de l'air se fait avec abondance, sans altération ni secousse. Nous devons ajouter qu'elle a été établie à pourvoir à l'alimentation des huit jeux qui doivent par la suite compléter cet orgue. Nous témoignons ici toute notre satisfaction sur cette partie des travaux, et nous dirons aussi que rien n'a été négligé pour rendre ce travail irréprochable.

Par le second devis, MM. Merklin-Schütze et Cie s'étaient engagés à changer le sommier du récit ainsi que la boîte qui le renferme ; sous ce rapport toutes les conditions ont été scrupuleusement remplies : car la nouvelle boîte produit tous les effets désirables.

La commission, après avoir examiné et mis en jeu les nouvelles pédales de combinaison, tant du grand orgue que du récit, a reconnu que leur mécanisme réalisait les effets que donne cette importante innovation.

Passant ensuite à la mise en harmonie, votre commission s'est assurée que l'orgue était actuellement au ton d'orchestre. Elle a ensuite procédé à l'audition des jeux, un par un, et note par note ; elle a la satisfaction d'annoncer que quant à la rondeur et à l'égalité des sons, peu d'orgues offraient la perfection de celui de Saint-Sernin. Les facteurs méritent les plus grands éloges pour cette partie de leurs travaux ; nous devons dire aussi que c'est la première fois qu'il nous a été donné d'entendre un instrument se révéler par autant de qualités; il est regrettable que la fabrique n'ait pu donner suite aux propositions faites par les facteurs, qui avaient été approuvées par la commission : elles consistaient à compléter tous les jeux en introduisant divers perfectionnements, dont le principal était de repousser tous les tuyaux des jeux de fond d'une ou deux notes, pour en faire grossir la taille, et d'y faire l'application d'un nouveau système d'harmonie usité en Allemagne, dont l'effet aurait incontestablement augmenté la puissance du son, ainsi qu'on a pu s'en convaincre par la flûte de huit du récit, qui a été harmonisée d'après ce système. Il est malheureux pour ce bel instrument que la fabrique ait voulu s'en tenir sur ce point aux termes du devis. Il en est de même de l'achèvement du récit, que nous déplorons de voir renvoyé à un temps plus ou moins reculé, car il est évident que l'unité qui a présidé aux travaux de l'harmonie accomplie par la même main, ne pourra plus être atteinte; il est hors de doute que, pour arriver plus tard à ce perfectionnement, la dépense proposée augmentera de moitié, c'est-à-dire qu'il faudra de toute nécessité recourir à une nouvelle mise en harmonie de tous les jeux de fond du grand orgue et du positif. En appuyant auprès de la fabrique la proposition des facteurs sur ce point, vos commissaires ont cru devoir acquitter un devoir de conscience.

En conséquence, et par tout ce qui précède, la commission déclare que l'orgue de Saint-Sernin doit être reçu avec éloge; car sans avoir augmenté cet instrument d'un seul tuyau, les quarante-deux jeux dont il est composé produisent maintenant un effet double : 1° par la nouvelle soufflerie; 2° par les doubles layes créées aux divers sommiers; 3° par l'ampleur qu'on a donnée à l'harmonie de chaque jeu. On peut dire avec justice que cet orgue a totalement changé, et qu'il résonne avec éclat et vigueur sous ses voûtes ingrates. Nous ajoutons aussi qu'on peut le classer justement au rang des plus beaux instruments de l'Europe, non par la quantité des jeux, mais par l'effet étonnant qu'ils produisent, et qu'enfin les facteurs ont voulu se rendre dignes de la confiance dont on les avait honorés.

Considérant que MM. Merklin-Schütze et Cie ont fidèlement et scrupuleusement rempli leurs engagements, nous sommes d'avis que les sommes dues par la fabrique pour le prix des travaux exécutés leur soient immédiatement versées.

Tel est, en notre âme et conscience, le rapport que nous avons l'honneur de vous adresser.

Fait à Toulouse, le 30 avril 1859.

Ont signé : GUIRAUD, CH. BECQUIÉ, DELOR MASSIS, PONSAU, LEYBACH.

Viviers, le 11 janvier 1860.

Monsieur,

J'ai l'honneur de vous adresser, selon vos désirs, une ampliation du procès-verbal de la réception des travaux de déplacement et d'amélioration de l'orgue de ma cathédrale, réparé dans vos ateliers.

En vous renouvelant ici toute ma satisfaction, pour la manière dont vous avez rempli la tâche qui vous a été confiée par le gouvernement, je me permettrai de vous dire que je serais bien aise que les ecclésiastiques de mon diocèse connussent comment s'est faite la réception de notre nouvel orgue, et que je vous serais bien obligé si vous pouviez obtenir des journaux religieux de Paris qu'ils consacrent quelques lignes au récit de notre belle et imposante cérémonie.

Agréez, Monsieur, l'assurance de ma respectueuse considération.

Signé : † LOUIS, *Évêque de Viviers.*

A M. MERKLIN, Directeur de la Société anonyme pour la fabrication de grandes orgues, etc., Etablissements MERKLIN-SCHUTZE, à Paris.

CATHÉDRALE DE VIVIERS

**Procès-verbal de la réception des travaux de déplacement
et d'amélioration de l'orgue.**

Nous soussigné, architecte du département de l'Ardèche, inspecteur des édifices diocésains de Viviers, chargé par décision de S. Exc. le ministre de l'instruction publique et des cultes, du 20 décembre dernier, et par délégation de M. Laval, architecte diocésain, de procéder à la réception des travaux de déplacement et d'amélioration de l'orgue de la cathédrale de Viviers, nous sommes transporté ce jourd'hui, 10 du mois de janvier 1860, jour fixé par Mgr l'Évêque pour la fête d'inauguration de cet instrument, sur les lieux. A huit heures et demie du matin nous étions à la cathédrale, écoutant attentivement, dans les diverses parties de l'église, de près et de loin, l'effet des accords des divers jeux que M. Merklin, facteur de l'instrument, passait en revue. Cette première épreuve nous a paru très-satisfaisante. A dix heures, nous avons quitté les expériences pour aller déjeuner. A midi et demi nous remontions à la cathédrale : c'était l'heure fixée par Monseigneur pour le commencement de la cérémonie. La vaste nef était remplie par une société de choix, accourue du nord et du midi du département de l'Ardèche, du nord et du midi du département de la Drôme. Plus de deux mille personnes remplissaient la nef ; un nombreux clergé et des chœurs habilement organisés garnissaient le sanctuaire.

Mgr l'Évêque de Viviers fait commencer les prières ; M. Ed. Batiste, organiste de Saint-Eustache, à Paris, est au clavier. Dans un prélude grave, majestueux, solennel, l'habile organiste trouve le moyen de passer en revue et de faire connaître la puissance et la fécondité de tous les jeux du nouvel instrument : l'effet de ce prélude, hérissé de difficultés, est on ne peut plus satisfaisant, soit dans son ensemble, soit dans ses détails.

Quelques musiciens de mérite parmi le clergé, sous la direction de M. l'organiste de la cathédrale, et les enfants de chœur, entonnent quelques accords religieux, pleins d'harmonie ; l'orgue les accompagne de sa voix tour à tour puissante et harmonieuse. Un noël est chanté par un ecclésiastique avec beaucoup de verve et d'entrain ; l'orgue l'accompagne harmonieusement et répond après chaque strophe par des chœurs de voix d'hommes, d'enfants, de voix éoliennes qui se rapprochent ou s'éloignent suivant la volonté de l'artiste, et semblent former un concert aérien d'une harmonie indescriptible. La foule était attentive et muette d'étonnement et d'admiration. Enfin, dans un dernier morceau, qui n'a pas duré moins d'une heure, M. Batiste, en jouant avec son orgue, au calme, au sérieux, au terrible, a tenu en émoi tous les auditeurs, grands et petits, de son auditoire.

Après ce morceau d'une harmonie soutenue et saisissante, après la bénédiction donnée par Monseigneur aux assistants ; après quelques paroles bien senties de remercîment à l'assistance, aux coopérateurs de l'œuvre, à l'éminent organiste de Saint-Eustache, au facteur, M. Merklin, sur l'habileté consciencieuse dont il a fait preuve dans l'exécution de l'orgue important confié à ses soins, la cérémonie était terminée, et le nombreux auditoire s'écoulait lentement, émerveillé de ce qu'il venait d'entendre. Peu d'instants après M. Merklin nous faisait visiter et vérifier, en quelque sorte une à une, toutes les pièces de cet admirable mécanisme ; et je suis heureux de pouvoir constater aujourd'hui que rien n'a été négligé, ni dans son ensemble, ni dans les détails. Cette opinion n'est pas seulement mon opinion : personnelle elle est partagée encore et par M. Batiste, et par l'organiste de Viviers, et par plusieurs organistes étrangers, et par tous les musiciens et amateurs présents à la cérémonie dont j'ai demandé l'avis.

D'après le conseil de M. Batiste, M. Merklin à apporté de Paris et fait disposer à l'orgue un jeu très-harmonieux de voix humaine, en remplacement d'un ancien jeu conservé dont l'usage est beaucoup moins utile. Tout le chapitre, toute l'assistance ont

apprécié l'importance de ce changement reconnu indispensable :
c'est une petite augmentation dans le prix de la main-d'œuvre,
dont la fabrique de la cathédrale, quoique très-pauvre, s'est chargée par discrétion, sachant les sacrifices considérables faits par
le gouvernement pour cette œuvre.

D'après tout ce qui précède, après avoir pris l'avis de toutes
les personnes compétentes que nous connaissons, l'avis du conseil de fabrique, du chapitre et surtout celui du digne et vénérable
prélat du diocèse de Viviers, nous croyons pouvoir procéder et
nous procédons, dès aujourd'hui même, *à la réception* de l'orgue de
Viviers.

En foi de quoi,

Signé : REYMONDON,

ED. BATISTE,
Professeur au Conservatoire impérial de musique,
Organiste du grand orgue de Saint-Eustache.

† LOUIS, *Evêque de Viviers.*

Pour copie conforme :

Signé : A. BOURG, *Secrétaire de l'évêché.*

Viviers, le 10 Janvier 1860.

RÉCEPTION DE L'ORGUE

DE

L'ÉGLISE DE S.-BONAVENTURE A LYON

Procès-verbal.

L'an mil huit cent soixante et un, le trois juin, les soussignés, MM. l'abbé S. Neyrat, maître de chapelle et organiste de la paroisse; M. Widor, organiste de Saint-François de Sales, M. Aurand, organiste de Saint-Nizier; M. F. Bélédin, organiste de la cathédrale de Lyon ; M. l'abbé Granier, maître de chapelle à l'institution des Chartreux, et M. Édouard Batiste, professeur au conservatoire impérial de musique de Paris, organiste de l'église de Saint-Eustache, désignés par M. le [curé et MM. les membres du conseil de fabrique de l'église de Saint-Bonaventure pour procéder à l'expertise des travaux de reconstruction de l'orgue, confiés à la Société anonyme pour la construction de grandes orgues (établissement Merklin-Schütze), à Paris et à Bruxelles,

Déclarent :

1º Que, conformément au devis dont il leur a été donné connaissance, les claviers et tout le mécanisme, entièrement neufs, sont construits avec une entière perfection et méritent les plus grands éloges ;

2º Que les nombres des jeux indiqués au devis sont placés dans l'orgue et parlent parfaitement; ont un timbre bien caractéristique, une parfaite égalité, une grande puissance et une grande rondeur ;

3º Que les trois petites inégalités dans la mise en harmonie des jeux, inégalités inhérentes à un orgue neuf, n'ont aucune importance, et seront corrigées immédiatement par le facteur ;

4º Que les neuf pédales d'accompagnement et de combinaison fonctionnent bien ;

5º Que la soufflerie alimente abondamment l'orgue.

6º En faisant un très-juste éloge des travaux accomplis, conformément au devis, par MM. Merklin-Schütze, et de l'excellence des matériaux employés dans la construction de l'orgue de Saint-Bonaventure, la commission s'impose de constater que ces habiles facteurs, dans le désir de donner à cet instrument toute la supériorité et la perfection possibles, n'ont pas hésité à faire, en dehors du devis, des travaux supplémentaires importants, qui ont donné à l'orgue une puissance et une variété très- remarquables.

Ces travaux sont :

1º La reconstruction du sommier du grand orgue avec application du système à double laye.

2º L'application d'une pédale d'introduction des jeux de combinaison du grand orgue plus perfectionné.

3º Le mécanisme du mouvement de la soufflerie, qui était au bras, a été mise au pied pour donner une plus grande alimentation et une plus grande égalité aux jeux de l'orgue. Le mécanisme a donc dû être refait entièrement.

4º Un jeu de voix humaine d'une grande pureté, et d'une excellente qualité de sons, a été placé en remplacement du vieux cromorne.

5º Le vieux jeu de voix céleste a été remplacé par un neuf.

En résumé la commission constate l'excellence de l'orgue de l'église de Saint-Bonaventure ; car cet instrument, destiné à faire les fonctions de grand orgue et d'orgue d'accompagnement, réunit avec vingt et un jeux seulement une grande richesse d'effets et une grande variété de ressources. La commission croit donc devoir sans restriction aucune adresser les plus vifs et sincères compliments à MM. Merklin-Schütze pour le remarquable travail qu'ils viennent de faire.

La commission se permet également de donner à un de ses membres, M. l'abbé Neyrat, de vives félicitations pour le dévouement et la grande intelligence artistique dont il a fait preuve dans l'accomplissement et la surveillance des travaux.

La commission croit devoir en terminant féliciter M. le curé et

MM. les membres [du conseil de fabrique du remarquable instrument dont ils ont doté l'église de Saint-Bonaventure, et croit pouvoir affirmer que cet orgue de l'excellente facture de MM. Merklin-Schütze est d'une importance, d'une puissance de sonorité bien au-dessus d'un instrument de vingt et un jeux, et peut au moins supporter la comparaison avec des instruments de facture récente composés de trente à trente-cinq jeux.

Fait à Lyon, le 3 juin 1863.

Ont signé : Ch. Widor ; F. Bélédin ; Edouard Batiste, *rapporteur ;* L. Aurand ; A. S. Neyrat ; G. Granier.

RAPPORT

SUR LE GRAND ORGUE CONSTRUIT POUR LE CONSERVATOIRE ROYAL

DE MUSIQUE, DANS LE PALAIS DE LA RUE DUCALE.

Le mercredi 27 novembre 1861, MM. Bender, Fétis père, Lemmens, Stevens, sous la présidence de M. Théophile Fallon, en qualité de membres d'une commission spéciale, désignée par M. le ministre de l'intérieur pour procéder à l'examen et à la réception du grand orgue construit au palais de la rue Ducale, à l'usage du Conservatoire royal de musique, se sont réunis audit palais, dans la salle des concerts de cette institution, à l'effet de remplir leur mission.

Après avoir pris connaissance des clauses et conditions du contrat intervenu, le 31 janvier 1860, entre M. le ministre de l'intérieur, au nom du gouvernement, d'une part, et la Société anonyme pour la fabrication de grandes orgues, établie à Ixelles-lez-Bruxelles, représentée par M. J. Merklin, directeur de la partie industrielle de ladite société, et M. J. Verreyt, administrateur délégué, d'autre part, la commission ci-dessus dénommée s'est livrée à l'examen de l'instrument dont il s'agit, en présence de MM. Merklin et Verreyt. De ses investigations sont résultés les faits ci-après constatés :

1° Que le grand orgue dont il s'agit a été disposé pour être composé de quatre claviers manuels, d'un clavier de pédales séparées, et de quatorze pédales d'accouplement des claviers et de combinaisons de jeux, ainsi que d'une pédale d'expression, conformément aux termes du contrat ;

2° Qu'en conséquence de l'article 2 dudit contrat, il a été décidé que deux claviers manuels seulement, à savoir le deuxième ou *clavier du grand orgue*, et le quatrième ou *clavier de récit*, doivent être pourvus de jeux destinés à les faire résonner; que, pour les autres claviers, aucune stipulation ne figure au contrat, et qu'ils ont dû rester muets, comme de fait ils le sont ;

3° Que le nombre de jeux destinés aux claviers manuels est de *vingt-quatre*, et que *huit jeux* seulement doivent être placés sur le clavier de pédales, au lieu de *treize* qui paraissent devoir exister lorsque l'instrument sera complet.

4° Ces points fondamentaux étant établis, la commission a fait ouvrir les diverses parties de l'orgue, et a commencé son examen par le mécanisme des claviers, qu'elle a trouvé bien fait et fonctionnant avec promptitude et régularité. Puis, elle a passé aux tirages des registres et des pédales d'accouplement et de combinaison, qui n'ont rien laissé à désirer.

5° Voulant s'assurer de la bonne confection de la soufflerie, des sommiers et de l'adhérence des soupapes, la commission a fait emplir les soufflets et repousser tous les registres : en cet état, aucun sifflement ne s'est fait entendre ; puis, un levier pesant ayant appuyé sur toutes les touches des claviers manuels ainsi que sur les pédales, l'orgue n'a fait entendre aucun son ; d'où est résultée la preuve que tout les registres opèrent bien leurs fonctions de clôture.

6° Cela fait, un des commissaires a fait appel de tous les jeux qui, conformément aux termes du contrat précité, doivent être placés en communication des deux claviers manuels et de la pédale ; sur cet appel, M. Merklin a immédiatement tiré chaque registre désigné, et a fait entendre la qualité du jeu, soit seul, soit combiné avec un autre. Par cette opération, la commission a acquis la conviction que les facteurs ont rempli leurs engagements sur ce point ; que les vingt-quatre jeux énoncés au contrat existent dans l'instrument, et que leurs timbres particuliers ont tous la meilleure qualité. A l'égard des jeux qui sont placés sur le sommier de pédale, les commissaires ont remarqué que, non-seulement les huit registres désignés au contrat s'y trouvent, mais que la Société pour la facture de grandes orgues y a ajouté celui de *sous-basse* de 32 pieds, mentionné à l'article 3 du chapitre des sommiers dans le contrat pour l'achèvement projeté de l'instrument, et en a supporté la dépense considérable par anticipation, dans le but de donner, dès à présent, à l'orgue un caractère grave et majestueux.

7° Après cet examen minutieux, la commission ayant demandé à entendre l'effet d'ensemble de toutes les combinaisons des jeux existants dans la partie de l'orgue actuellement terminée, aux termes du contrat, M. Dubois, organiste distingué, attaché à la Société pour la fabrication de grandes orgues, a satisfait au désir exprimé dans des improvisations qui ont permis aux commissaires de se former une opinion sur les qualités de la portion de l'instrument maintenant achevée; opinion unanimement favorable à l'égard du talent manifesté dans la facture, mais mêlée de regrets de ce que cette partie ne peut donner qu'un aperçu de ce que sera l'effet général après l'entier achèvement de ce grand orgue; car sur les quatre claviers préparés, deux seulement sont fournis de leurs jeux; au lieu de *cinquante-quatre* jeux qui figurent dans le projet de l'instrument complet, *trente-trois seulement* existent aujourd'hui; le clavier du *positif,* qui doit servir à l'accompagnement des jeux du *clavier de récit,* et de plus à augmenter l'ampleur des jeux du *clavier du grand orgue,* est muet dans l'état actuel; enfin, le troisième clavier, appelé *clavier de bombarde,* dans lequel résident l'éclat et la puissance par sa réunion aux autres, est également muet. Il en résulte, d'une part, que la variété des effets ne se réalise, en l'état actuel, que d'une manière incomplète; de l'autre, que la plupart des pédales d'accouplement des claviers et des combinaisons de jeux sont encore sans fonctions.

8° Après l'audition des effets de l'orgue, les commissaires sont entrés dans l'intérieur de l'orgue pour procéder à l'examen des matériaux employés dans la construction de l'instrument. Ils se sont assurés qu'il a été satisfait aux stipulations du contrat, à cet égard. ils ont reconnu avec satisfaction que tous ces matériaux sont de la meilleure qualité; que le nombre des tuyaux de chaque jeu, soit en étain, soit en bois, sont conformes aux engagements pris par les facteurs; que le tout est bien fait, terminé avec soin, et que les dispositions ont été faites avec intelligence pour laisser la place nécessaire aux jeux qui devront compléter ce grand orgue.

9° Dans cet examen intérieur, la commission a vu avec autant d'étonnement que de plaisir la machine pneumatique de Barker, qui n'est pas comprise dans les conditions du contrat pour la première partie de l'orgue actuellement existante. Par un sacrifice digne d'éloge, au point de vue de la perfection du travail, la Société pour la fabrication de grandes orgues a fait la dépense considérable de cette machine, qui ne lui sera remboursée qu'après l'entier achèvement de l'instrument. La machine pneumatique, chef-d'œuvre de conception et de délicatesse de travail, a pour objet de donner aux claviers de l'orgue la légèreté de toucher du clavier de piano, nonobstant l'énorme tirage exigé par la pression de l'air sur les soupapes des sommiers. Toute la résistance de l'air est vaincue par la machine; l'organiste n'en ressent rien sous l'action de ses doigts, tandis qu'une grande force musculaire est employée dans le jeu des anciennes orgues dépourvues de cette machine.

Au résumé, la commission déclare, à l'unanimité, que tous les engagements pris par la Société pour la construction de grandes orgues, représentée par MM. Merklin et Verreyt, envers M. le ministre de l'intérieur, pour le gouvernement, ont été fidèlement remplis; que la partie de l'orgue qu'elle a établie, conformément au contrat, dans la salle du palais de la rue Ducale, pour le Conservatoire royal de musique, est entièrement satisfaisante en soi, et qu'il y a lieu de payer à cette Société le prix convenu. En même temps, la commission croit de son devoir d'insister près de M. le ministre de l'intérieur sur la nécessité d'achever ce bel instrument, dont les qualités ne seront parfaitement appréciables qu'après que la partie qui reste à construire y sera réunie et formera un tout homogène. La dignité nationale n'est pas moins intéressée que l'art à l'existence complète de cet orgue modèle dans une institution de l'État qui jouit d'une renommée universelle.

FÉTIS, *rapporteur.*　　　　　　TH. FALLON, *président.*

J. LEMMENS, V. BENDER, STEVENS.

EGLISE S.-PHILIPPE DU ROULE A PARIS

RAPPORT

DE LA COMMISSION D'EXAMEN SUR LE GRAND ORGUE CONSTRUIT
PAR LA SOCIÉTÉ ANONYME POUR LA FABRICATION DE GRANDES ORGUES

ÉTABLISSEMENTS MERKLIN-SCHUTZE

A Paris et à Bruxelles.

L'an 1861, le 13 mai, les soussignés MM. Ambroise Thomas, membre de l'Institut, professeur au Conservatoire impérial de musique, officier de la Légion d'honneur ; Benoist, professeur au Conservatoire impérial de musique, organiste de la chapelle de S. M. l'Empereur, chevalier de la Légion d'honneur ; Auguste Wolff, facteur de pianos, directeur de la maison Pleyel-Wolff et Cie ; Félix Clément, membre de la commission des cultes et des monuments historiques, organiste de la Sorbonne ; Édouard Batiste, professeur au Conservatoire impérial de musique, organiste du grand orgue de Saint-Eustache ; Edmond Hocmelle, organiste titulaire de la paroisse et de la chapelle du Sénat, nommés par M. le curé et MM. les membres du conseil de fabrique de l'église Saint-Philippe du Roule, pour examiner les travaux de reconstruction du grand orgue, déclarent : qu'après avoir nommé pour leur président M. Benoist et pour rapporteur M. Batiste, pris lecture des différents devis et eu connaissance des conventions verbales entre la fabrique et la Société, relativement à des adjonctions supplémentaires, ils se sont rendus à l'orgue pour procéder à son expertise.

Avant d'entrer dans l'analyse des diverses parties de l'instrument construit par la Société susdite, l'attention de la commission a été appelée sur le peu d'espace de la tribune et ses dispositions défavorables, ainsi que sur l'ancien buffet très-restreint qui a dû être conservé, et elle a pu apprécier les grandes difficultés que les facteurs ont rencontrées pour l'établissement du mécanisme, le placement de la soufflerie, des sommiers avec leurs jeux, et a reconnu que toutes les difficultés avaient été vaincues avec beaucoup de succès.

Après avoir, avec un soin minutieux, examiné chaque jeu séparément et note par note, puis ensuite visité l'intérieur de l'orgue, la commission a constaté :

1° Que, conformément au devis et aux conventions supplémentaires, le positif se composait de neuf jeux, le grand orgue de douze, le récit de huit et la pédale séparée de quatre ;

2° Que les claviers à mains ainsi que les claviers de pédale ont l'étendue indiquée au devis ;

3° Que les six pédales d'accouplement et les sept pédales de combinaison sont très-bien disposées et fonctionnent parfaitement ;

4° Que le mécanisme des registres, des claviers à mains, du clavier de pédales ainsi que la machine pneumatique sont établis d'après les principes de l'art, et fonctionnent avec une grande précision et une régularité parfaite. De plus, toutes les parties si nombreuses du mécanisme de ce grand orgue présentent les meilleures conditions de solidité ;

5° Que les sommiers de chaque clavier sont établis avec des matériaux de première qualité, sont construits avec doubles layes pour alimenter séparément les jeux de fond et les jeux de combinaison, et qu'ils ont une grandeur bien proportionnée avec la quantité des jeux qu'ils doivent contenir.

6° Après diverses épreuves d'une grande sévérité, la commission a reconnu que la soufflerie, malgré l'espace extrêmement restreint dans lequel elle est placée, suffit amplement à l'alimentation de tous les jeux ;

7° Que la boîte du récit, dans laquelle sont renfermés tous les jeux du troisième clavier, est très-bien conditionnée, et que l'effet du *crescendo* et du *diminuendo* se fait sentir d'une manière très-distincte ;

8° Que les tuyaux, conformément au devis, sont construits avec des matières de premier choix, sont bien étoffés, bien diapasonnés ; et que tous sont solidement placés et attachés.

9° L'attention de la commission a été également appelée sur le jeu de clairon au grand orgue, qui a été placé entièrement neuf en remplacement de l'ancien clairon, que l'on pensait pouvoir conserver, mais qui dans la mise en harmonie a été reconnu trop mauvais. La commission croit devoir engager la fabrique à conserver à l'instrument ce nouveau jeu de clairon, qui est d'une très-belle qualité de son et d'un effet très-utile dans le grand chœur.

10° Après cet examen approfondi, la commission a été convaincue que l'orgue de Saint-Philippe du Roule est construit d'après les meilleurs principes de la facture moderne, que sa sonorité est on ne peut mieux en rapport avec l'édifice, que le grand chœur a une grande puissance sans être dur ou criard, que les jeux de fond ont une rondeur et une ampleur peu ordinaires, que les gambes de seize et de huit pieds ont un timbre bien caractéristique, que les flûtes harmoniques de huit et de quatre pieds ont une grande puissance et une grande pureté de son ; que la voix céleste, la voix humaine, le hautbois et le basson du récit, la clarinette du positif sont des jeux de *solo* très-remarquables. La commission a aussi apprécié la belle sonorité de la montre de huit pieds et du bourdon de seize pieds au grand orgue, et de la flûte de seize pieds à la pédale.

En résumé, bien que cet orgue ne soit composé que de trente-trois jeux, il offre comme puissance, comme variété de timbres et richesse d'effets, par ses heureuses combinaisons mécaniques, de très-grandes ressources, et peut sans contredit être classé parmi les excellents instruments de la capitale.

Dans l'examen détaillé des jeux, la commission a constaté plusieurs inégalités, de peu d'importance du reste, et qui sont inhérentes à la nouveauté même de la mise en harmonie d'un orgue à peine achevé ; la commission s'empresse de constater que le facteur, désireux de donner un instrument qui ne laissât rien à désirer, prenait note lui-même des irrégularités qui lui étaient signalées, et s'est engagé à les faire disparaître pour le jour de l'audition.

Il reste à la commission le devoir de féliciter MM. les membres du conseil d'avoir doté l'église d'un si remarquable instrument et de voir pleinement justifiée par la Société la haute confiance dont la fabrique l'avait honorée.

Enfin la commission pense qu'il serait bon, dès à présent, de remplacer le jeu de nazard du récit par un bourdon de huit pieds, et que si dans l'avenir des modifications heureuses étaient apportées aux dimensions si exiguës et si défavorables de la tribune et du buffet, il serait désirable d'en profiter pour augmenter le jeu de pédales séparées et pour agrandir la soufflerie.

Ont signé : F. Benoist ; Ambroise Thomas; Auguste Wolff; Félix Clément; Ed. Batiste ; Ed. Hocmelle.

A la prière de MM. les membres de la commission, ont signé les organistes dont les noms suivent :

J. Lemmens, Renaud de Vilbac.

Approuvé au nom du conseil de fabrique :

Le président, *Signé* : Marquis de Mortemart.

RAPPORT

DE LA COMMISSION NOMMÉE PAR MONSEIGNEUR L'ARCHEVÊQUE
DE ROUEN, POUR L'EXPERTISE ET LA RÉCEPTION DU GRAND ORGUE
CONSTRUIT PAR LA SOCIÉTÉ ANONYME POUR LA FABRICATION
DE GRANDES ORGUES

ÉTABLISSEMENTS MERKLIN-SCHUTZE

A Paris et à Bruxelles.

POUR LA CATHÉDRALE DE ROUEN.

La commission d'expertise nommée par Mgr de Bonnechose, archevêque de Rouen, pour examiner et recevoir le grand orgue construit par la Société anonyme (établissements Merklin-Schütze), facteur de Paris et Bruxelles, s'est réunie à une heure après midi, dans la cathédrale, le 29 février 1860. Cette commission était composée de MM. l'abbé Caumont, vicaire général, président; l'abbé Beaucamp, curé de Saint-Ouen; l'abbé Héliot, curé de Saint-Léger; l'abbé Bluet, maître de chapelle de la métropole; Jourdain et Cosserat, membres de la fabrique; Amédée Méreaux, compositeur, et Klein, organiste titulaire du grand orgue de la cathédrale.

Ont pris part aux travaux de cette commission, MM. Félix Clément, délégué du ministère; Barthélemy et Desmaret, architectes diocésains, également délégués par M. le ministre de l'instruction publique et des cultes.

De l'examen scrupuleux qui a été fait par les deux commissions réunies, il résulte que le grand orgue construit par la Société anonyme (établissements Merklin-Schütze) a été jugé excellent et offrant toutes les conditions qui pourraient en assurer la réception la plus honorable.

La commission déléguée par Mgr l'archevêque de Rouen a l'honneur de présenter à Sa Grandeur le rapport qui constate tous les détails et les résultats de l'expertise.

Le rapport peut se diviser en trois sections, qui représentent les trois parties constitutives de l'instrument, et qui sont :

1° La *partie mécanique*, qui concerne tout ce qui a rapport au mécanisme de l'orgue, à sa confection et à l'égalisation des claviers, aux procédés et à l'action de la soufflerie, à la manœuvre et à la marche des registres, aux systèmes et aux fonctions des pédales de combinaison.

2° La *partie matérielle*, qui concerne la nature des matériaux : bois, étain, plomb, peau, cuivre, fer, etc.

3° La *partie résonnante*, qui concerne, la nature le timbre et la qualité des jeux.

PARTIE MÉCANIQUE.

Les quatre claviers, du positif, du grand orgue, de bombarde et de récit, sont composés de cinquante-quatre touches et sont réglés et égalisés avec une grande précision. Aux mouvements lourds, pénibles et bruyants de l'ancien mécanisme, ont été substitués des mouvements légers, doux, prompts et faciles, qui, par l'ingénieuse application des leviers pneumatiques, donnent aux claviers toute la légèreté désirable, telle qu'on la rencontre dans les meilleurs pianos.

La soufflerie a reçu de très-importantes et heureuses modifications, que nous ferons connaître plus loin en signalant les additions que MM. Merklin-Schütze ont fait volontairement subir à leur devis. Dès à présent, nous constatons que les soufflets sont en beau et bon bois de sapin du Nord et garnis de belles peaux avec un soin tout particulier.

Les registres, qui fonctionnent avec la plus grande régularité, sont non-seulement conformes au devis, quant à leur nombre et à leur extension, mais encore plus nombreux que l'exigeait le devis, ainsi que nous le dirons plus loin.

Les pédales de combinaison sont établies d'après un système très-logique et aussi favorable aux nuances de sonorité et à la modification d'intensité du son, qu'à la réalisation prompte, sûre et facile des intentions de l'exécutant. Nous aurons à nous occuper des pédales de combinaison, aussi bien que des jeux et de la soufflerie, quand nous mentionnerons ce que les facteurs ont cru devoir ajouter en dépassant de leur propre mouvement les clauses de leur devis.

PARTIE MATÉRIELLE.

La partie matérielle est à l'abri de tout reproche. Les bois sont excellents, bien secs et joints avec tout le soin possible ; le métal des tuyaux est de très-bonne qualité, l'étain est fin, l'étoffe des jeux de bourdon et de flûte est d'un bon alliage ; tous les tuyaux de tout genre sont proprement finis et solidement soudés ; la peau des soufflets est très-soigneusement collée ; les abrégés sont finement faits et réglés avec une précision d'horlogerie ; les sommiers sont en bois de choix, et les tuyaux des jeux qui y sont attachés sont très-régulièrement classés et très-symétriquement disposés ; enfin grâce à une disposition très-bien entendue de cet immense assemblage de tuyaux, de soufflets, de sommiers, de porte-vents, et malgré le peu d'espace réservé à une construction aussi compliquée, tout est prévu pour que l'on puisse circuler librement, dans toutes les parties de l'orgue et à tous les étages : ce qui assure les facilités et les moyens de l'entretenir convenablement.

PARTIE RÉSONNANTE.

La partie résonnante de l'orgue est la partie artistique de l'effet instrumental ; tous les détails de cette partie si importante ont été examinés minutieusement par la commission, jeu par jeu, et chromatiquement, note par note, dans l'étendue de chaque registre. Quelques observations ont été faites sur l'inégalité de certaines notes ; mais il a été reconnu que ces légères imperfections tenaient à la nouveauté même de la mise en harmonie de l'orgue, et en effet M. Merklin a fait opérer le soir même une révision générale. Il n'était plus question de quelques défectuosités remarquées d'abord. Bientôt on a pu juger du peu d'importance qu'elles avaient : car, en entendant tous les morceaux qui ont été exécutés aux deux séances d'inauguration, par MM. Batiste Renaud de Vilbac, Sergent, Klein, et Lemmens, il n'était plus possible de trouver une critique à faire sur la puissance, la qualité, les timbres réunis, variés et bien caractérisés de tous les jeux.

Les jeux de fond, qui sont la base essentielle de l'instrument, sont admirables de qualité et de rondeur sonores, d'harmonieuse onction et de pénétrante puissance.

Le grand orgue a une voix multiple et imposante, qui remplit la vaste nef de la cathédrale d'une riche et majestueuse harmonie.

Le clavier de bombarde a l'éclat et la résonnance stridente qui forment son contingent exigible à l'ensemble de la grande symphonie du plein jeu.

Le clavier de récit est un délicieux assemblage de voix instrumentales de différents diapasons, aux timbres toujours purs, et tour à tour suaves, vibrants, mélodieux, tendres, héroïques, saisissants, bien faits enfin pour chanter avec une expression poétiquement appropriée la prière à Dieu ou à la glorification du Seigneur. Tels sont les jeux de *flûte harmonique de huit et quatre pieds*, de *gambe* de *huit pieds*, de *bourdon* de *huit pieds*, *de voix céleste* de *huit pieds*, de *trompette harmonique* de *huit* et de *seize pieds*.

Nous ferons une mention particulière des jeux de *voix humaine*, dont l'illusion vocale est vraiment complète et qui produisent en même temps un effet choral des plus religieux.

Nous n'entrerons pas dans l'examen détaillé de tous les jeux de ce bel instrument; nous ajouterons seulement que ce que nous venons de dire du *clavier de récit* a été reconnu et constaté également par la commission pour le *clavier du positif du grand orgue et de bombarbe*.

C'est ici le moment d'exprimer quelques regrets de ce qu'on ait cru devoir conserver un assez grand nombre d'anciens jeux, parmi lesquels nous citerons les *trompettes et clairons du positif*, et du grand orgue. Ces jeux ne sont pas tout à fait diapasonnés d'après les bons principes de la facture moderne, dont les progrès ont servi de base à MM. Merklin-Schütze dans la construction de tous les jeux neufs. Il résulte de cela que la sonorité des jeux anciens n'est plus complétement en rapport d'intensité et de qualité comme elle devrait l'être avec celle des nouveaux jeux. Il est donc à souhaiter qu'on ne perde pas de vue les quelques travaux qui pourraient être faits, pour compléter, en remplacement des vieux jeux, l'ensemble sonore du nouvel orgue, qui alors ne laisserait vraiment plus rien à désirer.

Cette observation ne peut en aucune façon s'adresser à MM. Merklin-Schütze, qui, bien loin de restreindre leurs travaux, ont au contraire fait plus que l'on ne leur avait demandé, ne consultant que leur dévouement à leur art et à l'intérêt de leur œuvre.

ADDITIONS VOLONTAIRES FAITES AU DEVIS PAR MM. MERKLIN-SCHUTZE.

MM. Merklin-Schütze ont spontanément exécuté les travaux suivants, qui ne figuraient pas sur leur devis et qui contribuent singulièrement à la perfection de leur instrument.

1º Dans la *soufflerie*, au lieu de deux grands réservoirs, dans l'intérieur desquels on avait l'habitude de placer un petit réservoir (soufflet) destiné à fournir du vent à forte pression, M. Merklin, ayant reconnu que ce système était imparfait et insuffisant et avait, entre autres inconvénients, celui de restreindre l'espace qui devait recevoir la masse d'air, a établi une soufflerie composée de six réservoirs, dont quatre fournissent du vent à pression douce et deux lancent l'air à forte pression.

Cette modification doit être considérée comme une des plus avantageuses pour l'orgue de la cathédrale.

2º La série des pédales de combinaison a été augmentée d'une *pédale d'introduction pour les jeux d'anches* de la *pédale* et de *trois pédales d'accouplement,* à savoir celles qui réunissent à volonté les claviers du *positif,* de la *bombarde* et du *récit* sur le clavier de *pédale;* tandis qu'il était convenu seulement d'en faire une qui réunirait le grand orgue au clavier de pédale.

3º Dans la partie sonore plusieurs jeux nouveaux ont été substitués à d'autres reconnus de moindre valeur par les facteurs. Ainsi *un jeu complet de clarinette* de cinquante-quatre notes de l'invention de M. Merklin a remplacé l'*euphone* au positif. Le jeu de flûte de huit pieds a été remplacé au grand orgue par une flûte dite à pavillon de cinquante-quatre notes ; la deuxième flûte de huit pieds, au grand orgue, qui ne devait avoir que trente-sept notes, a été transformée en *flûte harmonique* de quatre pieds et de *cinquante-quatre notes.*

Un jeu au clavier de récit a été remplacé par un jeu de *voix céleste* de *huit pieds* et de *quarante-deux notes* au même clavier.

Nous ajouterons que non-seulement ces changements constituent une extension aussi notable qu'utile donnée de leur plein gré par les facteurs à leur cahier de charges ; mais que, de plus, les jeux dont ils ont ainsi enrichi le buffet sont d'une qualité supérieure et d'un effet exquis.

Nous devons en terminant signaler un mérite tout individuel et remarquable chez ces habiles facteurs, c'est que, tout en donnant à l'orgue toutes les ressources que la science musicale, l'inspiration mélodique, les tendances orchestrales des grands organistes peuvent réclamer pour répondre à la fécondité de leur génie, il ont toujours conservé à l'instrument de l'église son caractère noble, sévère et religieux ; c'est la réunion de toutes ces conditions de solidité, de sonorité et de caractère bien approprié à sa pieuse destination, qui fait de cet orgue un des plus remarquables instruments des cathédrales de France.

Telle est l'opinion de la commission d'expertise déléguée par Mgr l'archevêque de Rouen, et qui a l'honneur de proposer à Sa Grandeur de vouloir bien ratifier par son auguste approbation l'acceptation du grand orgue comme satisfaisant, et au delà, toutes les conditions du devis.

La commission ne doit pas oublier de signaler aussi à l'attention de Sa Grandeur les travaux de restauration et d'ornementation de la caisse et de la montre, travaux exécutés avec autant de talent que de tact et de bon sens par MM. Barthélemy et Desmaret, architectes diocésains.

Certifié conforme :

Le Président de la Commission.
Signé : Caumont, *Vicaire Général.*

GRAND ORGUE

CATHÉDRALE D'ARRAS

L'an de grâce 1862, le 27 du mois de juin, se sont réunis en l'église cathédrale d'Arras, sous la présidence de M. l'abbé Planque, chanoine titulaire et grand chantre de ladite cathédrale, MM. Félix Clément, chevalier de l'ordre pontifical de Saint-Grégoire le Grand, membre de la commission des édifices religieux au ministère des cultes, maître de chapelle honoraire de la Sorbonne, organiste du collége Stanislas à Paris ;

L'abbé Devroye, chanoine et grand chantre de la cathédrale de Liége, membre correspondant de la commission des monuments de Belgique;

Épellet, architecte diocésain et architecte en chef du département du Pas-de-Calais, membre de l'institut des architectes britanniques ;

Duhaupas, organiste de la cathédrale d'Arras, tous membres de la commission nommée, le 26 juin de la même année, par S. G. Mgr Parisis, évêque d'Arras, de Boulogne et de Saint-Omer, pour la réception du grand orgue récemment établi dans sa cathédrale;

Et de Sède, chef de la division des travaux publics à la préfecture du Pas-de-Calais, membre de plusieurs sociétés savantes et secrétaire de ladite commission.

Lesquels, en présence de M. Merklin, représentant de la Société anonyme chargée de la construction de l'orgue précité, ont procédé à l'accomplissement de leur mission.

A cet effet, ils se sont transportés, à trois heures de l'après-midi, dans la tribune dudit orgue et ont opéré l'examen minutieux et détaillé de toutes les parties de cet instrument, qui a été, pendant tout le temps des épreuves et de la vérification, touché par M. Félix Clément.

Ils ont reconnu que l'orgue dont il s'agit se compose de cinquante jeux, répartis sur quatre claviers à mains et un clavier de pédale ; chacun de ces claviers a été successivement essayé, dans le détail et dans l'ensemble des jeux ; et si de rares imperfections ont pu être signalées dans la sonorité ou l'intonation de quelques touches, il a été immédiatement et unanimement reconnu, ou qu'il était facile de remédier à ces inconvénients, ou que ceux-ci étaient inséparables d'un instrument complétement neuf, dont les accords n'ont point encore acquis toute leur stabilité.

Mais à côté de cette légère part faite à une critique rigoureuse, la commission a constaté avec la plus vive satisfaction que la pureté, le timbre particulier à chaque jeu, la sonorité des jeux d'anches, l'égalité, la douceur et l'ampleur des jeux de fond ne laissent rien à désirer et font de l'instrument soumis à son examen une œuvre d'art précieuse, et qui répond à l'importance de sa destination dans une basilique justement signalée par la pompe des cérémonies et par la perfection de toutes les exécutions musicales.

La commission ne peut non plus avoir que des éloges sans restriction pour l'heureuse disposition intérieure de l'instrument, qui, facilitée par l'espace considérable dont on disposait, a en outre été combinée, non-seulement de manière à permettre l'approche de tous les tuyaux, mais encore avec les précautions nécessaires pour en faciliter l'accord et l'entretien.

Enfin l'examen des matériaux a révélé que la qualité des bois, celle du métal et des peaux, sont irréprochables ; que l'orgue, grâce à l'adoption du levier pneumatique, est très-facile à toucher ; que dans l'ensemble de la construction, l'on ne s'est en rien écarté des procédés les plus nouveaux et les plus perfectionnés, et qu'en un mot, par une alliance heureuse, l'art, la science et l'honnêteté se sont unis dans l'exécution de ce bel instrument.

Un succès aussi remarquable, en présence surtout des difficultés particulières que présentait l'entreprise, difficultés résultant de la sonorité excessive de l'édifice et de la disposition vicieuse d'une tribune trop éloignée du parvis et trop rapprochée des voûtes, atteste tous les soins et toute l'entente apportée par la Société dans l'accomplissement de son entreprise. La commission estime que toutes les conditions du devis ont été scrupuleusement exécutées, bien qu'un seul changement ait eu lieu dans l'intérêt même de l'instrument, par la substitution d'une quinte flûte de trois pieds à la doublette du grand orgue, afin de donner aux jeux de fond plus de gravité et de brillant, et que les conditions du devis aient été excédées par l'addition de soixante-quinze kilogrammes d'étain jugés nécessaires pour la solidité de la montre.

Elle déclare, en conséquence, qu'il y a lieu, non-seulemenent de recevoir les nouvelles orgues, mais encore de féliciter les constructeurs.

Mais quand une œuvre porte un semblable cachet, quand elle réunit tout ce qu'il est permis d'en attendre, quand enfin l'on doit constater que les sacrifices de l'État et ceux de la fabrique de la cathédrale ont été si complétement compensés, on ne peut se défendre d'exprimer un regret profond : c'est que l'orgue n'ait pas reçu les développements les plus complets.

La commission, après l'audition de ce bel instrument et d'accord en cela avec tous les artistes éminents qui doivent prendre part à son inauguration, a constaté qu'il existait une lacune dans les devis acceptés par l'administration.

La Société n'a pas, d'ailleurs, attendu la fin de ses travaux pour comprendre qu'ils seraient insuffisants. Les vastes dimensions de la cathédrale et les vibrations exceptionnelles qui se produisent sous les voûtes, exigent impérieusement l'établissement d'une sous-basse et d'une bombarde de 32 pieds.

Cette addition, en prévision de laquelle, avec une rare intelligence, toutes les dispositions ont été prises, fera de l'orgue de la cathédrale d'Arras et moyennant une dépense dont les facteurs ont été invités à préciser le chiffre, l'un des plus complets et des plus beaux instruments connus.

La commission ne pense pas qu'une stérile question d'économie puisse prévaloir sur les considérations sérieuses qui la portent à désirer un pareil résultat. Elle n'ignore pas le mérite exceptionnel des sacrifices par lesquels la fabrique a déjà assuré un important concours à cette magnifique entreprise.

Mais elle est persuadée qu'un nouvel et décisif effort de sa part conduirait à un grand résultat, et que le gouvernement, de son côté, ne voudra pas laisser inachevée une œuvre d'une haute portée artistique et religieuse.

Elle croit donc devoir soumettre respectueusement à Sa Grandeur Mgr l'évêque d'Arras, l'opinion unanime de ses membres à cet égard, persuadée que l'illustre prélat, qui a si souvent montré comment la foi peut remuer les montagnes, trouvera encore dans l'ardeur infatigable de son zèle les moyens d'achever une œuvre qui ne sera pas l'une des moins précieuses de son fécond épiscopat.

Et, les membres de la commission susnommés, après s'être séparés ledit jour 27 juin à six heures du soir, se sont de nouveau réunis le lendemain à huit heures et demie pour la discussion du présent procès-verbal, qui a été adopté, et ont signé séance tenante :

(Ont signé :) FÉLIX CLÉMENT, EPELLET, DEVROYE, DUHAUPAS, DE SEDE, *secrétaire de la Commission*, PLANQUE.

Pour copie conforme :

(Signé) † P. L. *évêque d'Arras, de Boulogne et de Saint-Omer.*

RAPPORT

ADRESSÉ A MM. LES MEMBRES DU CHAPITRE MÉTROPOLITAIN

A L'OCCASION DE LA

RÉCEPTION DE L'ORGUE DE CHŒUR DE NOTRE-DAME DE PARIS

CONSTRUIT PAR LA SOCIÉTÉ ANONYME POUR LA FABRICATION

DE GRANDES ORGUES

ÉTABLISSEMENTS MERKLIN-SCHUTZE

MESSIEURS,

Après avoir subi de longs et importants travaux de restauration, la cathédrale livre chaque jour à l'admiration du public et rend à l'exercice du culte quelque partie de son vaste édifice. On n'a pas attendu l'achèvement du chœur pour commencer les travaux de construction de l'orgue d'accompagnement dont nous venons de nous occuper, et on peut dire qu'au moment même où le bruit des industries diverses cessait, un concert bien différent s'élevait et remplissait le sanctuaire des sons les plus harmonieux. Quoique vous n'ayez pas hésité, Messieurs, à donner votre approbation à l'effet du nouvel instrument, vous avez voulu recueillir les avis d'hommes compétents, d'artistes habitués à juger de travaux aussi délicats, et qui se rattachent d'une manière si directe et si étroite aux exigences de la liturgie et aux intérêts de la musique religieuse. C'est pourquoi vous avez nommé une commission composée de M. l'abbé Églée, chanoine titulaire, maître de cérémonies, chevalier de la Légion d'Honneur; de M. Joseph d'Ortigue, homme de lettres, directeur-fondateur de plusieurs journaux de musique religieuse, chevalier de la Légion d'Honneur; et de M. Félix Clément, maître de chapelle honoraire de la Sorbonne, membre de la commission des arts et édifices religieux au ministère de l'Instruction publique et des Cultes, chevalier de l'ordre pontifical de S. Grégoire le Grand, auxquels vous avez donné pour assesseurs M. Pollet, maître de chapelle de la cathédrale, et M. Sergent, organiste du grand orgue. M. Danjou, qui a attaché son nom à des travaux aussi nombreux qu'intéressants sur la musique sacrée, et M. Batiste, professeur au Conservatoire et organiste du grand orgue à St-Eustache, ont bien voulu assister à l'expertise et donner leur avis sur les qualités de l'instrument.

Le jury d'examen ainsi composé, après avoir nommé M. le chanoine Églée président, et M. Félix Clément rapporteur, a procédé à l'audition et à l'expertise de l'orgue.

D'après le plan de la restauration du chœur, il s'agissait de lui conserver à la fois ses lignes architectoniques avec les ornements et figures qui en décorent la clôture extérieure, et l'aspect de sa décoration intérieure produit par les stalles, dont les dossiers très-élevés sont couverts de grands bas-reliefs dus à un artiste habile du XVIIIe siècle. Dans une des trois travées occupées par ces stalles, le nouvel orgue devait s'élever entre les deux colonnes qui supportent l'ogive, et s'étendre entre les boiseries du chœur et les sculptures de pierre qui règnent le long du collatéral, emplacement très-restreint et dont les dispositions étaient tout à fait exceptionnelles.

Les deux claviers à la main, le clavier de pédales, les registres et les pédales de combinaison, enfin tout ce qui sert à l'exécution est placé sur une console dans le chœur un peu en avant du premier rang des stalles. Toute la partie mécanique et instrumentale serait comme invisible, si un élégant buffet, se dressant au-dessus des stalles et remplissant la partie supérieure de l'ogive, ne révélait l'existence de l'instrument liturgique.

Le facteur a fait monter le long du mur toute la partie mécanique des claviers à mains et du pédalier, c'est-à-dire les vergettes qui partant du sol du chœur vont s'attacher aux abrégés en fer, et transmettent ainsi le mouvement longitudinal. Les tirants des registres sont également placés de chaque côté. Au-dessus du mur, à environ vingt centimètres et sur une charpente disposée à cet effet, le sommier du grand orgue a été placé, et il forme en arrière de l'instrument une saillie en encorbellement.

Malgré l'exiguïté de l'emplacement, on a ménagé habilement un espace pour arriver aux deux layes disposées pour l'alimentation séparée des jeux d'anches et des jeux de fond.

L'étendue du clavier de récit, qui comporte cinquante-quatre notes et qui contribue essentiellement à l'effet produit par cet instrument, exigeait un sommier et une boîte expressive d'une dimension plus grande qu'on ne le voit dans les autres orgues, qui n'ont ordinairement que quarante-deux notes au clavier de récit.

Le facteur a partagé les tuyaux en deux faisceaux. Il a placé les plus petits au milieu et les plus grands sur les côtés; ce qui a permis de placer au-dessus des premiers, et dans le sens de la profondeur de l'instrument, le sommier du récit avec sa double laye et la boîte d'expression munie de plusieurs châssis de lames mobiles, pour produire les effets d'expression, d'ailleurs peu sensibles et peu nécessaires dans un vaisseau aussi vaste que celui de Notre-Dame de Paris.

Toutes les parties du mécanisme sont abordables, et des trappes ont été ménagées de chaque côté de l'instrument, de telle façon qu'il est facile de réparer les dérangements qui pourraient se produire au pied même de l'orgue.

La soufflerie, à laquelle on a fait une place dans l'épaisseur de la muraille, est munie d'une double pompe, qui est mise en mouvement par un levier sortant dans le collatéral. Elle fournit un vent régulier, abondant et suffisant à la plus grande dépense d'air de l'instrument. Des boîtes d'introduction à double soupape, d'alimentation et de décharge, sont disposées à l'entrée des layes pour admettre ou supprimer instantanément l'air comprimé.

Le bourdon de seize pieds parle à volonté sur le clavier à la main, sur le clavier de pédale, et sur les deux à la fois; cette disposition, pratiquée depuis quelque temps dans un petit nombre d'orgues, est une application très-heureuse d'un principe de mécanisme fécond en résultats, et qui aura pour conséquence dans un temps donné de multiplier par un moyen économique les combinaisons des jeux, et d'offrir à l'organiste des ressources nouvelles. Cette pédale séparée a rendu nécessaire de chaque côté du grand orgue l'établissement de deux sommiers, qui ont pour fonction d'a-

limenter les vingt-cinq notes de cette sous-basse. Les soupapes sont
mues par autant de petits soufflets pneumatiques.

Après avoir décrit la partie mécanique de l'orgue, il reste à faire
connaître la partie instrumentale.

L'orgue de chœur d'une cathédrale est destiné à être joué tous
les jours, à retentir même plusieurs fois par jour aux oreilles des
chanoines. Il importait de ne pas convertir en une audition fati-
gante un accompagnement destiné à soutenir le chant cononial.
Deux moyens ont été employés pour arriver à ce but.

1º On a donné aux jeux graves une certaine prédominance sur
les jeux aigus. C'est ainsi qu'on a multiplié les jeux de huit pieds,
qui sont au nombre de dix. Ajoutés au bourdon de seize pieds, ils
forment une sonorité puissante, que les autres jeux de quatre pieds
et l'octavin de deux pieds éclaircissent sans lui faire perdre sa gravité.

2º On a prolongé la basse du clavier de récit jusqu'à la note la
plus grave du grand orgue. L'addition de ces douze notes à la
basse, soumises presque constamment à l'action des pédales d'accouplement, contribuera à établir la supériorité de l'orgue de chœur
de Notre-Dame sur les autres instruments de la même importance
d'ailleurs, mais qui n'ont généralement que quarante-deux notes
au récit au lieu de cinquante-quatre. L'ancien orgue de chœur n'en
avait même que trente-sept. A ce sujet les experts doivent adresser
ici, au nom de l'art, des remercîments à M. Viollet-Leduc, qui a
consenti, à la requête du facteur, à donner plus de profondeur à son
buffet ; ce qui a permis d'agrandir le sommier du récit et de placer les douze tuyaux de chaque jeu.

Dans presque tous les chœurs des églises, les personnes placées
dans le voisinage de l'orgue sont troublées par le bruit du mécanisme, par un cliquetis de vergettes, et aussi par la sonorité des
tuyaux à anches qui, lorsqu'elle est trop rapprochée, est inégale et
fort désagréable. A Notre-Dame, il n'y a aucun de ces inconvénients. La place qu'occupe la partie instrumentale au-dessus du
mur de clôture du chœur, empêche MM. les chanoines d'être fati-
gués de l'audition trop immédiate des jeux.

Les ondes sonores partent d'au-dessus de leurs têtes, et se répan-

dent dans le chœur et dans les profondeurs de l'édifice sans secousse, sans dureté.

Il nous a paru utile de donner ici la description de l'orgue de
chœur de Notre-Dame, afin que vous puissiez, Messieurs, juger de
l'ensemble de l'instrumentation.

1ᵉʳ *clavier, grand orgue, 54 notes.*

1 Montre de 8 p. 54 notes.
2 Bourdon de 8 p. 54 n.
3 Salicional de 8 p. 42 n.
4 Viola di Gamba de 8 p. 54 n.
5 Prestant de 4 p. 54 n.
6 Flûte harmonique de 4 p. 54 n.
7 Bourdon de 16 p. 54 n.

Jeux de combinaison.

8 Octavin de 2 p. 54 n.
9 Trompette de 8 p. 54 n. Dessus harmoniques.
10 Clairon de 4 p. 54 n.

2ᵐᵉ *clavier, récit expressif, 54 notes.*

1 Flûte de 8 p. 54 n.
2 Voix céleste de 8 p. 54 n.
3 Flûte harmonique de 4 p. 54 n.
4 Bourdon de 8 p. 54 n.

Jeux de combinaison.

5 Clarinette de 8 p. 54 n.
6 Hautbois et basson, 8 p. 54 n.

Clavier de pédales séparées.

1 Sous-basse de 16 p. 25 n.

Pédales d'accouplement et de combinaison.

1 Réunion du clavier du grand orgue à celui des pédales.
2   —   de la basse du récit à celle des pédales.

3 Réunion de la basse du récit au grand orgue.
4 Introduction des jeux de combinaison au grand orgue.
5   —   —   du récit.
6 Trémolo.
7 Expression.

On voit par ce qui précède que, malgré le nombre restreint des jeux, cet orgue offre les principaux effets d'un grand orgue et possède les différentes familles de jeux :

1 Montre, prestant, flûte, bourdon, octavin.
2 Viola di Gamba, salicional, voix céleste.
3 Trompette et clairon.
4 Clarinette, basson et hautbois.

La commission a remarqué particulièrement la puissance et le timbre des jeux du grand chœur, la sonorité onctueuse et véritablement religieuse des jeux de récit, ainsi que l'habileté avec laquelle la transition du basson au hautbois a été ménagée. Une oreille délicate a de la peine à la saisir.

Sans avoir recours à la boîte expressive, qui produit peu d'effet dans un aussi vaste édifice, on peut obtenir un *crescendo* bien gradué par l'addition des jeux et sans qu'on s'aperçoive de l'entrée ou de la sortie des registres, tant la mise en harmonie a été soignée. Cette homogénéité de l'ensemble obtenue avec des éléments si variés, fait beaucoup d'honneur au facteur et à ses auxiliaires. En effet, c'est en procédant ainsi qu'on conserve à l'orgue ses qualités génériques et à l'orgue d'accompagnement son appropriation spéciale; nous voulons dire que, dans la facture des orgues, il faut plutôt éviter que rechercher l'imitation servile des instruments dont le nom rappelle le rôle qu'ils jouent dans l'orchestre. Qu'il y ait analogie, sans doute; mais si le facteur a imité à s'y méprendre le clairon, la clarinette, le violon ou le saxhorn, voire même, comme cela s'est vu, les clochettes et les triangles, il a plutôt fait preuve d'ingéniosité que de bon sens; il a plutôt nui aux intérêts de la musique religieuse qu'il ne les a servis, en construisant un orchestrion là où il fallait un instrument liturgique rappelant, par la nature même de sa sonorité, les inflexions et les expressions de la prière publique, suaves sans mollesse, puissantes sans dureté, toujours dignes et graves.

C'est dans ces dernières conditions que l'orgue de chœur de Notre-Dame de Paris a été conçu et exécuté.

Les jeux de huit pieds sont assez nombreux pour suffire à l'accompagnement de toutes les espèces de voix. Tantôt c'est la voix d'un enfant de chœur, tantôt celle d'un ténor ou d'un chantre; d'autres fois c'est le chœur tout entier, et dans les solennités si imposantes du Carême, la masse entière de quatre mille voix d'hommes qu'il s'agit d'accompagner.

L'orgue suffira à soutenir, à suivre, et au besoin à conduire toutes ces voix humaines.

Le but est atteint, et votre commission, Messieurs, est unanime à reconnaître la parfaite exécution des travaux et la talent dont le facteur a fait preuve dans toutes les parties de son œuvre.

Et, en conséquence, elle déclare que ledit orgue est de tous points recevable, conforme à la teneur du devis et exécuté d'après toutes les règles de l'art le plus perfectionné.

En foi de quoi, selon Dieu et notre conscience, nous avons signé ce rapport, afin que, selon votre intention, Messieurs, il tienne lieu de procès-verbal de réception.

Fait à Paris, le 22 juin 1863.

Le Rapporteur : Félix Clément. L. Églée, *chanoine, membre de la commission;* J. d'Ortigue; Édouard Batiste, *professeur au Conservatoire impérial de musique, organiste du grand orgue de Saint-Eustache;* J. Pollet, *maître de chapelle de Notre-Dame;* E. Sergent; F. Danjou, *ancien organiste de Notre-Dame.*

« En adhérant complétement au jugement porté sur cet orgue et aux éloges donnés à l'honorable facteur M. Merklin, je me fais un devoir d'ajouter que je trouve l'harmonie et la facture de ses instruments d'une supériorité remarquable sur tout ce qui s'est construit ailleurs depuis de longues années.

« F. Danjou. »

La chapitre métropolitain, dans sa séance du 18 juillet 1863, a approuvé le présent rapport, et en a ordonné le dépôt dans ses archives.

Le Président de la séance :

A. Surat, *vicaire général.*

Le Chanoine remplaçant le Chanoine secrétaire absent :

L. Eglée.